DATE DUE

La ciencia de los seres vivos

¿Cómo se adaptan los animales?

Bobbie Kalman

 Crabtree Publishing Company

www.crabtrebooks.com

Serie La ciencia de los seres vivos
Un libro de Bobbie Kalman

Para Lesa,
Quien está, como siempre, mucho más allá de las palabras

Editora en jefe
Bobbie Kalman

Equipo de redacción
Bobbie Kalman
John Crossingham

Editora ejecutiva
Lynda Hale

Investigación
Jacqueline Langille

Editoras
Heather Levigne
Kate Calder
Hannelore Sotzek
Niki Walker

Diseño por computadora
Lynda Hale

Coordinación de producción
Hannelore Sotzek

Consultora lingüística
Donna D. Price, M.Ed.,
Coordinadora Académica de
Ciencias y Salud para PK-12

Consultora
Patricia Loesche, Ph.D., Programa sobre el comportamiento de animales,
Departamento de Psicología, University of Washington

Fotografías
Robert McCaw: página 19 (parte superior izquierda), 21 (parte superior izquierda), 30, 31 (parte superior)
Investigación fotográfica: Joe B. Blossom: página 9 (parte superior);
    Stephen Dalton: página 27 (parte superior)
Tom Stack and Associates: Dave Fleetham: página 19 (parte inferior derecha), 21 (parte
    inferior izquierda); Victoria Hurst: página 31 (parte inferior); Kitchin & Hurst: páginas
    3, 19 (parte superior derecha); Joe y Carol McDonald: página 20 (parte superior); Denise Tackett:
página 21 (partes superior e inferior derecha); Roy Toft: página 23 (parte inferior)
Dave Taylor: página 14
Valan Photos/Fred Bavendam: página 25 (parte superior)
Norbert Wu: página 17 (parte inferior)
Todas las otras imágenes de Digital Stock y Eyewire, Inc.

Ilustraciones
Barb Bedell: páginas 7, 13, 14, 15, 16 (gatos), 17, 28, 29
Antionette "Cookie" Bortolon: página 10
© Crabtree Publishing Company: página 23
Jeannette McNaughton-Julich: página 6
Bonna Rouse: página 16 (parte inferior), 27

Traducción
Servicios de traducción al español y de composición de textos suministrados
por translations.com

Library and Archives Canada Cataloguing in Publication
Kalman, Bobbie, 1947-
    ¿Cómo se adaptan los animales? / Bobbie Kalman.

(La ciencia de los seres vivos)
Includes index.
Translation of: How do animals adapt?.
ISBN-13: 978-0-7787-8767-9 (bound)
ISBN-10: 0-7787-8767-2 (bound)
ISBN-13: 978-0-7787-8813-3 (pbk.)
ISBN-10: 0-7787-8813-X (pbk.)

    1. Animals--Adaptation--Juvenile literature. I. Title.
II. Series: Ciencia de los seres vivos

QL751.5.K3418 2006   j591.4   C2006-904543-7

Library of Congress Cataloging-in-Publication Data
Kalman, Bobbie.
    [How do animals adapt? Spanish]
    ¿Cómo se adaptan los animales? / written by Bobbie Kalman.
        p. cm. -- (La ciencia de los seres vivos)
    Includes index.
    ISBN-13: 978-0-7787-8767-9 (rlb)
    ISBN-10: 0-7787-8767-2 (rlb)
    ISBN-13: 978-0-7787-8813-3 (pb)
    ISBN-10: 0-7787-8813-X (pb)
    1. Animals--Adaptation--Juvenile literature. I. Title. II. Series.

QL49.K29418 2006
591.4--dc22

2006025123

Crabtree Publishing Company

www.crabtreebooks.com   1-800-387-7650

Publicado en Canadá
Crabtree Publishing
616 Welland Ave.,
St. Catharines, ON
L2M 5V6

Publicado en los Estados Unidos
Crabtree Publishing
PMB16A
350 Fifth Ave., Suite 3308
New York, NY 10118

Publicado en el Reino Unido
Crabtree Publishing
White Cross Mills
High Town, Lancaster
LA1 4XS

Publicado en Australia
Crabtree Publishing
386 Mt. Alexander Rd.
Ascot Vale (Melbourne)
VIC 3032

Contenido

¿Por qué se adaptan los animales?

El pico y las patas largas del ibis le permiten caminar en ríos poco profundos y encontrar alimento en su lecho.

La rana toro tiene los ojos en la parte superior de la cabeza. Esto le permite ver si hay peligro sin tener que sacar el resto del cuerpo del agua.

El hogar de los animales cambia constantemente. Algunos cambios son naturales, mientras que otros los producen los seres humanos. Cuando el **hábitat** de un animal, es decir, el lugar donde vive ya no es el mismo, el animal debe **adaptarse** o cambiar para poder vivir en ese nuevo hábitat.

¿Qué es la adaptación?

La adaptación se produce en el cuerpo de un animal o en su comportamiento. Algunas adaptaciones ocurren rápidamente; otras, a lo largo de millones de años. El aspecto y el comportamiento de un animal pueden ser muy distintos de los que tenía hace mucho tiempo.

Adaptación a condiciones distintas

Los animales se adaptan para sobrevivir. Deben adaptarse para encontrar alimento, escapar del peligro, defenderse y defender a sus crías, o adaptar su cuerpo a temperaturas frías o calientes. Algunos deben adaptarse a la pérdida de su hábitat y a vivir más cerca de la gente. Las **especies** o tipos de animales que no se pueden adaptar a los cambios en su hábitat se **extinguen**. Una especie extinta es una que ya no existe.

(arriba) El cocodrilo es un animal que ha permanecido sin cambios por millones de años. Su cuerpo está bien adaptado a su hábitat de río.

(arriba) La pata de la cabra montés tiene una cubierta dura llamada **pezuña.** Cada pezuña está dividida y la parte inferior es parecida a la goma para que la cabra pueda sostenerse bien en el suelo rocoso desigual.

(izquierda) Muchos animales, como los caballos, perros y gatos, están **domesticados.** Estos animales dependen de las personas para obtener comida y refugio. Algunos animales domesticados, como el ganado, se han adaptado tan bien al cuidado de los seres humanos que ya no podrían sobrevivir por su cuenta.

Cuerpos que cambian

No todos los animales de una especie son exactamente iguales. Por ejemplo, los cachorros de lobo de una camada son de la misma especie, pero cada uno puede tener un pelaje de color ligeramente distinto.

Las diferencias en el color y la forma del cuerpo son parte de la evolución. La evolución es un proceso largo en el cual el cuerpo de un animal cambia lentamente con el tiempo. Las especies están en constante evolución. A través de millones de años, estos cambios permiten que el animal se adapte a su hábitat.

La adaptación es una parte importante de la evolución. A menudo, un animal nace con cambios en el cuerpo que le dan más posibilidades de sobrevivir que otros animales de su especie. Cambios como patas más largas u ojos más grandes permiten al animal encontrar más alimento y vivir más que aquellos que no tuvieron cambios. Cuando estos animales tienen crías, los cambios se transmiten a los descendientes. Con el tiempo, los animales con estas características se convierten en los miembros más comunes de la especie.

huesos de las aletas

*A veces los huesos dan pistas sobre los **ancestros** de un animal. Los huesos de las aletas del delfín tienen dedos. Gracias a eso, los científicos aprendieron que hace mucho tiempo, los ancestros de los delfines las usaban para moverse sobre la tierra.*

De la tierra al aire

Algunos científicos creen que ciertos reptiles antiguos evolucionaron y se convirtieron en aves. Hace mucho tiempo, el hábitat de esos reptiles se enfrió y les comenzaron a crecer escamas similares a plumas para conservar el calor. A medida que su cuerpo cambió y las escamas se parecieron más a las plumas, comenzaron a planear por el aire. Su cuerpo siguió evolucionando hasta que pudieron volar.

Aprender a volar

Los murciélagos son los únicos mamíferos que pueden volar. Sus ancestros eran pequeños mamíferos que vivían en los árboles. Con el paso de millones de años, les crecieron pliegues de piel en el cuerpo. Comenzaron a planear de un árbol a otro para encontrar alimento. Con el tiempo, los huesos de las patas delanteras se alargaron y los largos dedos se cubrieron de una piel delgada, que forma las alas de los murciélagos.

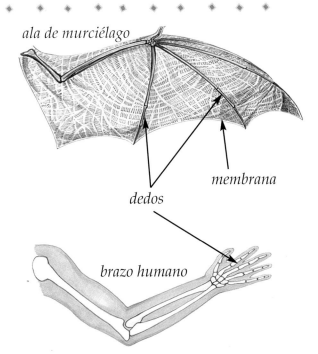

Tanto los murciélagos como los seres humanos tienen dedos, pero éstos tienen distintas funciones. Los murciélagos tienen dedos largos que sostienen las alas, mientras que los de los seres humanos cogen objetos.

¡Suban, la comida es excelente!

Muchos **herbívoros**, o animales que comen plantas, compiten por el alimento en la sabana o pradera africana. La mayoría de los herbívoros que viven en este hábitat se alimentan de hierbas altas, pero las jirafas (como la de la foto a la derecha), han evolucionado para alcanzar las hojas de las ramas más altas. Estas hojas contienen más nutrientes y humedad que la hierba.

Adaptación a las estaciones

(arriba) El pelaje de la cola de un zorro es más grueso en invierno para darle calor extra y evitar que se congele.

Algunos animales viven en lugares con diferentes estaciones. A medida que las estaciones cambian, los animales deben adaptar su cuerpo y comportamiento para sobrevivir a los cambios de **clima** de su hogar.

Una nueva capa

A algunos animales, como los linces, les crece más pelo para enfrentar el frío invierno. Este pelo **aísla** al animal, es decir, mantiene su cuerpo caliente e impide que el frío pase. Al llegar la primavera, el pelaje es demasiado caliente y el animal **muda**, es decir, pierde el pelaje de invierno.

Provisiones para el invierno

Para muchos tipos de animales es difícil encontrar alimento en invierno. Algunas especies **acumulan** o almacenan alimento adicional para cuando no lo puedan encontrar fácilmente. Las ardillas entierran nueces en el suelo o las esconden en árboles. Las abejas recolectan néctar en verano y lo llevan a su colmena. Convierten el néctar en miel y la almacenan para alimentarse durante el invierno.

Los ojos te pesan…

Algunos animales no pueden almacenar ni encontrar comida en invierno. Para sobrevivir, duermen un tipo de sueño muy profundo llamado **hibernación**. Muchos osos descansan durante largos períodos. Despiertan sólo tres o cuatro veces para comer, y se vuelven a dormir hasta la primavera.

Pocas especies, como el lirón, son **hibernantes verdaderos**. No se despiertan hasta que el invierno haya terminado. Su ritmo cardíaco y respiración se hacen muy lentos para que el animal use muy poca energía y agua. Durante la hibernación, pueden sobrevivir más de seis meses sin comer ni beber.

¡Brrr! Mientras hiberna, la temperatura del cuerpo del lirón baja mucho para ahorrar energía.

Mientras hibernan, los animales viven de la grasa que han almacenado en el cuerpo. Cuando el oso pardo se despierta en primavera, ha adelgazado y está listo para una buena comida.

Un largo viaje

(arriba) Las mariposas monarca migran hasta 3,000 millas (4,828 km) cada invierno hacia lugares cálidos como México. Si no lo hicieran, morirían congeladas.

(arriba) Los gansos viven y migran en grupos llamados bandadas. Estar en una gran bandada los ayuda a protegerse de los enemigos.

Otra manera en que los animales se adaptan al cambio de las estaciones es **migrar**, o viajar de un lugar a otro cuando cambian las estaciones. Muchas aves, ballenas, peces y ciervos migran grandes distancias a hábitats diferentes. Algunos migran para encontrar alimento o agua. Otros viajan a lugares más cálidos porque su cuerpo no está adaptado para sobrevivir en climas fríos.

Viajeros cómodos

La migración de las bandadas de gansos es más fácil si vuelan en formación de "V". Cuando las aves del frente de la bandada aletean, el patrón de aire que crean arrastra a las otras aves de la formación. Las que están más atrás no tienen que aletear con tanta fuerza porque el aire las levanta. Las aves cambian de posición con frecuencia para que los líderes descansen.

En busca de alimento

Algunos animales pueden sobrevivir en climas fríos, pero deben migrar para encontrar alimento en invierno. Muchos caribúes y renos viven en el Ártico, donde comen liquen. El liquen no crece en invierno, así que los animales deben migrar a los bosques del sur para encontrar pastos que comer.

*No todos los animales encuentran alimento en lugares más cálidos. Las ballenas jorobadas migran a aguas más frías durante parte del año, para alimentarse de pequeños animales marinos llamados **kril**.*

Siempre hace calor en el hábitat de los ñúes, pero a veces es difícil encontrar agua. Cuando se seca su fuente de agua, los ñúes deben migrar para encontrar otra.

En el frío

Algunos animales se han adaptado a vivir en lugares fríos todo el año. No migran ni hibernan, ya que su cuerpo y comportamiento han cambiado para conservar el calor en temperaturas frías.

(arriba) ¡La capa de grasa de la morsa puede medir seis pulgadas (15 cm) de espesor! La mantiene caliente incluso en el invierno más frío.

(arriba) El pelaje del oso polar está formado por pelos huecos. El calor del sol viaja a través de los pelos hasta el cuerpo del oso. La piel del oso es negra para absorber mejor el calor.

Grasa para calentarse

Las focas, ballenas y morsas viven en hábitats de agua fría. Tienen gruesas capas de grasa bajo la piel que les permiten mantener el calor corporal. La grasa aísla su cuerpo e impide que pase el frío.

La tundra ártica

Los animales que viven en la tundra ártica deben encontrar la forma de conservar el calor. La tundra es un desierto frío y el suelo siempre está congelado. Los animales, como los bueyes almizcleros, tienen espesos pelajes que los protegen de las temperaturas heladas. Los zorros árticos y otros animales pequeños cavan agujeros en la nieve. La nieve atrapa el calor de su cuerpo cuando están dentro del agujero y les permite conservar el calor.

¡Qué orejas tan pequeñas tienes!

Los animales pierden mucho calor corporal a través de las orejas. El zorro ártico tiene orejas diminutas comparadas con las de su primo, el zorro rojo. Las orejas más pequeñas del zorro ártico le permiten conservar más calor corporal.

Este búho nival tiene plumas gruesas y blancas que le cubren todo el cuerpo, incluyendo las patas. Las plumas gruesas lo protegen de las temperaturas heladas y los vientos fuertes y fríos.

zorro rojo

zorro ártico

El zorro rojo vive en lugares donde el verano es cálido y el invierno es frío. Necesita orejas más grandes para eliminar el calor corporal en verano, mientras que el zorro ártico necesita conservar el calor la mayor parte del año.

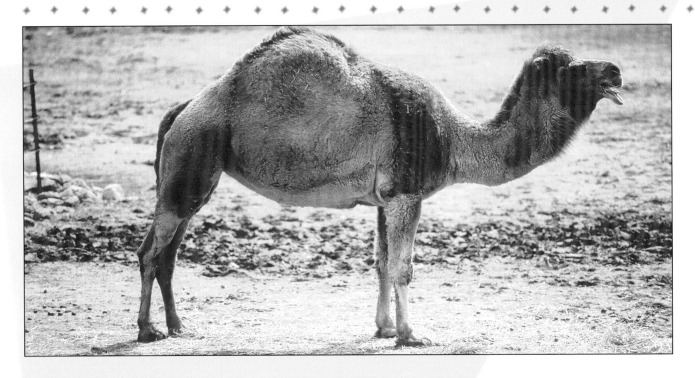

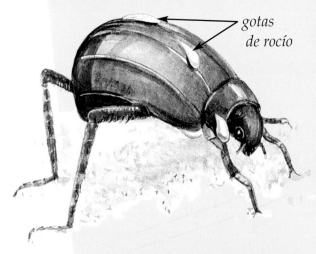

gotas
de rocío

Estar frescos

Los desiertos son lugares que reciben muy poca precipitación o lluvia. Pocas plantas crecen allí debido a las condiciones de calor y falta de agua. Los animales de estas zonas se han adaptado para encontrar alimento, almacenar agua y mantenerse frescos.

Los animales que viven en hábitats secos obtienen la mayor parte del agua que necesitan de su alimento, como semillas, plantas suculentas e insectos. Algunos tienen formas poco comunes de tomar líquidos. El escarabajo tenebrio bebe gotitas de agua que se le forman en el cuerpo con el rocío de la mañana.

(arriba) El escarabajo tenebrio inclina su cuerpo hacia adelante para que las gotas de rocío en el lomo lleguen a su boca.

(arriba) Los dromedarios y camellos almacenan grasa, respectivamente, en una o dos gibas o jorobas en el lomo. Cuando no encuentran agua para beber, su cuerpo descompone la grasa en agua.

Almacenar agua

En los desiertos no hay lagunas ni ríos donde los animales puedan beber. Para sobrevivir, deben almacenar toda la humedad posible en su cuerpo. Casi todos los animales liberan agua en la orina, pero las ratas canguro tienen una orina tan seca que es como polvo en lugar de líquido.

Hábitos de sueño adaptados

Muchos animales del desierto se ocultan del sol durante el día. Duermen en **madrigueras** u hogares subterráneos para estar frescos. Los que no descansan en madrigueras tienen temperatura corporal baja de noche, cuando está fresco. Durante el día, su temperatura se eleva lentamente. Su cuerpo tarda mucho en calentarse otra vez, así que están frescos la mayor parte del caluroso día.

Hibernar en el calor

Muchos desiertos son demasiado cálidos y secos en el verano para algunos animales. Las tortugas y los sapos cavan madrigueras y **estivan** durante los meses más calurosos y secos. La estivación es similar a la hibernación, pero los animales que estivan duermen profundamente para escapar del calor en lugar del frío. Algunos animales pueden estivar hasta por un año mientras esperan la lluvia.

El jerbo cava una madriguera donde estiva durante los meses más calurosos del año.

El zorro del desierto vive en los desiertos del norte de África. Para evitar el calor del sol, pasa la mayor parte del día en la madriguera. Sus grandes orejas le permiten liberar el calor corporal y permanecer fresco.

Adaptación a la oscuridad

Muchos animales viven en hábitats que tienen poca luz. Algunos viven en cuevas subterráneas o en lo profundo del mar. Otros son **nocturnos**, es decir, duermen de día y están despiertos de noche. Los animales que cazan y se mueven en la oscuridad están bien adaptados para vivir en su ambiente de poca luz.

Ecolocación

La mayoría de las especies de murciélagos son nocturnas. No necesitan buena vista para encontrar a su **presa**, es decir, los animales que comen. En lugar de ello, los murciélagos encuentran su camino en la oscuridad usando la **ecolocación**. Emiten sonidos agudos que viajan grandes distancias en el aire. Cuando estos sonidos llegan a un objeto que se encuentra en el camino del murciélago, producen un **eco** o rebotan. El murciélago oye el eco y sabe si el objeto que está adelante es un árbol, una piedra u otro animal.

La abertura en el centro del ojo de un gato se llama pupila. Controla cuánta luz entra en el ojo. Cuando hay mucha luz, la pupila se cierra casi por completo, para evitar que el animal quede ciego. En la penumbra, se abre bien para que el animal pueda ver mejor.

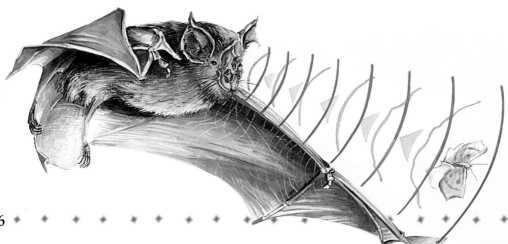

El murciélago de nariz de herradura usa la ecolocación para cazar insectos, como polillas.

16

Cantar bajo el agua

La luz no viaja bien bajo el agua, así que muchos animales **acuáticos**, es decir que viven en el agua, no pueden ver a gran distancia. Los delfines pueden cazar en la penumbra usando la ecolocación. Las ballenas, como la jorobada y la azul, cantan para estar en contacto cuando no se pueden ver. El canto de la ballena jorobada está formado por una serie de llamadas que pueden viajar hasta 100 millas (160 km) en el agua.

No hay luz aquí abajo

Muchos animales viven en hábitats donde no hay nada de luz. Algunos que viven bajo tierra son ciegos, pero su sentido del tacto está muy desarrollado. El topo de nariz estrellada tiene alrededor de la nariz unos órganos sensoriales llamados **tentáculos**. Los usa para encontrar alimento y objetos en su hogar subterráneo.

Prender una luz

¿Alguna vez te pusiste a pensar por qué los ojos de algunos animales brillan en la oscuridad? Muchos cazadores nocturnos, como los gatos y las lechuzas, tienen una capa en los ojos llamada **tapetum**. El tapetum mejora la visión nocturna porque la luz que llega a él se refleja de vuelta a los objetos. Los tiburones también tienen un tapetum que les ayuda a cazar en aguas oscuras y profundas.

El topo de nariz estrellada puede encoger sus tentáculos para que no le molesten cuando come o cava.

Los tiburones han desarrollado un agudo sentido del olfato. Esta adaptación les permite oler hasta cantidades diminutas de sangre desde muy lejos. Pueden seguir el olor hasta encontrar su próxima comida.

Las profundidades del océano tienen poca luz, ¡así que algunos peces tienen luz propia! Este pez víbora es bioluminiscente. Tiene células en los costados que producen luz. La luz le sirve para atraer a las presas.

Ocultarse

Para ocultarse de los **depredadores** o cazadores, muchos animales han desarrollado **camuflaje**. Tienen manchas en el cuerpo que les permiten confundirse con su hábitat. Algunos están tan bien camuflados que es casi imposible distinguirlos. ¿Puedes encontrarlos en la próxima página?

Muchos animales de la tundra, como esta liebre ártica, tienen pelaje marrón rojizo en el verano. En invierno, sin embargo, el pelaje se vuelve blanco para confundirse con la nieve de su hábitat.

Pelaje simple

Algunos animales dependen principalmente de su color para camuflarse. Por ejemplo, muchos animales del desierto tienen pelaje, piel o plumas color marrón claro para mezclarse con el paisaje arenoso. Los animales de la sabana, como las gacelas, también tienen un color marrón claro. Su color es igual al de las altas hierbas doradas de su hábitat.

Capa manchada

Muchos animales que viven en bosques o praderas tienen manchas o rayas en su pelaje. Estas manchas parecen las sombras creadas por el sol al brillar sobre las altas hierbas y árboles. Hasta un animal tan grande como la jirafa tiene manchas que la ocultan de los depredadores.

Este ocelote tiene manchas que le ayudan a ocultarse entre las plantas mientras caza.

¡Encuentra los animales!

(arriba) La piel manchada de la rana de la madera se confunde tan bien con estas ramas que es casi imposible de detectar.

(arriba) La piel marrón de la salamanquesa de las cortezas la ayuda a esconderse de los enemigos cuando está en árboles del mismo color.

(arriba) El mortífero pez piedra está cubierto por ásperas escamas y espinas que lo camuflan muy bien entre las piedras cubiertas de plantas.

(derecha) La mayor parte del cuerpo de este camarón es transparente. Parece invisible bajo el agua, por lo cual es difícil de detectar.

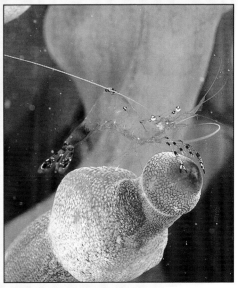

¡Te engañé!

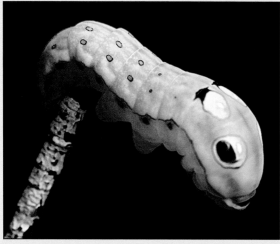

La oruga de la mariposa Papilio glaucus tiene dos puntos en forma de ojos en la parte trasera, de manera que parece la cabeza de una serpiente. Menea la "cabeza" hacia atrás y hacia adelante para asustar a los depredadores.

Muchos animales se defienden haciéndose pasar por algo que no son. Cuando la zarigüeya (arriba) se siente amenazada, ¡finge estar muerta! Se queda muy quieta y respira lentamente. La mayoría de los depredadores sólo comen animales vivos, así que dejan a la zarigüeya en paz. Otros animales tienen patrones y formas que imitan otra cosa. Este tipo de camuflaje se llama **mimetismo**. Los animales que mimetizan parecen otros animales u objetos de la naturaleza, como hojas o piedras.

(arriba) El cuerpo de este caballito de mar imita la forma, los colores y la textura del coral de su hábitat.

(izquierda) Un delgado insecto palo se parece a una larga brizna de hierba o ramita. Es difícil verlo si no se mueve.

(arriba) Las crestas parecidas a plumas del dragón hoja marino hacen que parezca un alga.

(derecha) ¿Puedes ver al insecto hoja entre estas hojas? Sus puntos marrones imitan a una hoja seca.

Conseguir alimento

Todos los animales comen otros seres vivos para obtener la energía que necesitan para subsistir. Los herbívoros obtienen su energía comiendo plantas. Los **carnívoros** son animales que reciben energía comiendo otros animales. Un animal que come tanto plantas como animales se llama **omnívoro**.

Comer vegetales

Las hierbas, hojas y otras partes de plantas son difíciles de **digerir** o descomponer para convertirlas en energía. Los herbívoros deben moler las plantas en pedacitos pequeños con sus dientes para poder digerirlas. Algunos tienen dientes anchos y chatos con bordes filosos para moler plantas.

Según la presa

La mayoría de los carnívoros cazan para alimentarse. Adaptan su comportamiento según el tipo de presa que cazan. Por ejemplo, el lobo caza ratones solo porque éstos tienen un agudo sentido del oído. Muchos lobos harían demasiado ruido y los ratones escaparían. Para cazar presas más grandes, los lobos deambulan en grupos llamados **manadas**. Así trabajan juntos para matar animales fuertes, como el caribú.

El bisonte se alimenta principalmente de pasto. Se ha adaptado a su dieta como **rumiante**. *Devuelve alimento del estómago y lo vuelve a masticar. Su cuerpo tiene una segunda oportunidad de obtener energía del alimento.*

La mantis religiosa caza esperando sigilosamente que se le acerquen insectos más pequeños. Cuando se acerca uno, usa sus poderosas patas delanteras para atraparlo.

Comedores estacionales

El panda gigante es un ejemplo de animal que come la misma **dieta** o tipo de alimento todos los días. Si no hubiera bambú, el panda moriría. Otros animales, como los osos pardos, han adaptado su dieta a fin de comer el alimento que esté disponible. En primavera, los osos pardos comen salmón. En otoño, cuando ya no hay salmón en los ríos, comen bayas.

*(derecha) Muchos depredadores comen sólo un tipo de presa, pero no la piraña: es una **oportunista**. ¡Este pequeño pez ataca y come cualquier cosa que se mueve!*

Con herramientas

Cuando comemos, usamos herramientas como el cuchillo y el tenedor. Algunos animales también han aprendido a usar objetos como ayuda para encontrar o comer su alimento.

El buitre egipcio a veces usa piedras para comer. A esta ave le gusta comer huevos y los rompe dejándolos caer. Sin embargo, cuando encuentra un pesado huevo de avestruz, no lo puede levantar con el pico. En cambio, levanta una piedra y la deja caer sobre el huevo para romperlo.

A los chimpancés les gusta comer termitas, pero sus dedos son muy grandes para los pequeños orificios de los termiteros. Para alcanzarlas, cortan una ramita, le quitan las hojas y la meten en el termitero. Las termitas atacan la rama y se le pegan. El chimpancé saca la rama del termitero con las termitas pegadas y las lame de la rama.

Huevos y crías

Los animales deben **reproducirse**, es decir, tener crías. Muchos machos tienen llamados, bailes o manchas que les ayudan a atraer a las hembras. En la naturaleza, los animales más fuertes y sanos tienen las mejores probabilidades de sobrevivir. Los científicos piensan que muchos machos deben probar su buena salud ante las hembras antes de aparearse.

El borrego cimarrón (arriba) embiste a otros borregos para demostrar su valor. Algunos lagartos se paran sobre las patas traseras y agarran a los oponentes por la parte media. Esta conducta desafiante asegura que los machos más fuertes tengan más crías. Si el padre es fuerte, hay buenas probabilidades de que las crías también lo sean.

Animales que ponen huevos

Los anfibios, las aves, los insectos, los peces y los reptiles ponen huevos que contienen a sus crías. Sin embargo, muchos animales se alimentan de los huevos. Algunas aves y reptiles cuidan sus huevos y crías, pero otros animales no lo hacen. Las ranas y los peces ponen miles de huevos a la vez para asegurarse de que al menos unos cuantos descendientes sobrevivan.

Estaré listo cuando tú lo estés

Los canguros viven en un hábitat seco. Las crías necesitan una buena cantidad de agua para crecer sanas. Las hembras se han adaptado para dar a luz sólo cuando hay agua disponible. Después de que dos canguros se aparean, la hembra guarda los óvulos dentro del cuerpo. Sin embargo, los óvulos no **gestan**; es decir, no continúan creciendo hasta que haya agua suficiente para la cría.

A aguas más cálidas

Muchas ballenas, como la jorobada y la azul, se alimentan en aguas oceánicas frías. Cuando es hora de dar a luz, migran hacia aguas más cálidas. Los científicos creen que el agua del lugar donde se alimentan es demasiado fría y violenta para que las crías sobrevivan.

(arriba) Muchas aves macho dependen de sus plumas de vivos colores para impresionar a las hembras. Este rabihorcado macho infla su pecho rojo para atraer a su pareja.

(derecha) Este canguro hembra cuida a sus dos crías a la vez: una recién nacida y otra mayor. Su cuerpo produce dos tipos de leche para alimentar a cada una.

El cuidado de las crías

Cuidar las crías después de que nacen es una difícil tarea para los animales. Hasta el cocodrilo debe proteger a sus crías de los depredadores. Los adultos tienen muchas formas de protegerlas. ¡Algunas crías incluso pueden protegerse solas!

Unas cuantas especies de animales se han adaptado para compartir el trabajo de crianza. Algunos patos hembra dejan a sus crías en grupos llamados guarderías. Mientras una hembra busca alimento, las otras se quedan atrás y cuidan a los patitos.

*A diferencia de muchos animales, el ganso canadiense suele vivir con una misma pareja toda su vida. Ambos cuidan a las crías, los **ansarinos.***

¡Encárgate!

Algunos cucúes le dejan la tarea de criar a otros tipos de aves. La hembra encuentra varios nidos, uno para cada huevo. Espera a que el dueño se vaya y pone un huevo en ese nido. A veces el huevo se parece a los que ya están en el nido. Cuando nace la cría de cucú, empuja a los otros huevos o crías y los saca del nido.

¡Puedo caminar!

La mayoría de los mamíferos son **vivíparos**, es decir, dan a luz crías desarrolladas que pueden caminar y seguir a los adultos poco después de nacer. Una cría de ñu puede caminar a los cinco minutos de nacer. Puede seguir a la manada cuando busca alimento y agua, o cuando cambia de lugar para evitar a los depredadores.

Esta cría de cucú ya mide el doble que un gorrión adulto, pero el gorrión sigue alimentándola día tras día como si fuera su propia cría.

*Las arañas tienen muchas crías por vez, pero no todas pueden vivir en el mismo lugar. Las nuevas arañas buscan lugares donde vivir por **aerostación**. Elevan su **abdomen** o parte trasera, tejen largos hilos de seda y dejan que la brisa las lleve lejos de su hogar.*

Muchos leones marinos viven en la playa en grupos grandes. Cada cría de león marino tiene un olor especial. Las hembras usan su excelente sentido del olfato para encontrar sus crías en la multitud.

En su defensa

Algunos animales necesitan más protección que otros. Muchos animales lentos y tímidos han desarrollado defensas especiales porque son demasiado lentos para escapar de sus atacantes. Su cuerpo está protegido por armaduras, espinas puntiagudas, veneno, mal olor o ¡explosivos!

¡Ay!

Los erizos y las equidnas usan espinas puntiagudas para protegerse. Son cortas y les cubren el lomo. Si los animales tienen miedo, se hacen un ovillo espinoso. El pez puerco espín es otro animal con espinas. Cuando está amenazado, chupa agua para inflar su cuerpo y erizar las agudas espinas que lo cubren. La mayoría de los depredadores no se acercan a las criaturas con espinas porque son demasiado peligrosas para comerlas.

Armaduras

Las tortugas y los caracoles tienen caparazones para defenderse. Si son atacados, meten la cabeza y las extremidades en su caparazón protector. Los armadillos también tienen placas duras en el lomo y los costados, pero no meten las extremidades en el caparazón. Como el erizo, forman una bola cuando se sienten amenazados.

*Las **púas** del puerco espín son muy peligrosas. Pueden permanecer en la piel de un depredador durante semanas e incluso causar la muerte.*

Cuando un armadillo se hace un ovillo, las partes de su caparazón se unen como un ompecabezas.

Armas químicas

Muchos animales producen veneno en su cuerpo. Algunos, como las serpientes y las arañas, lo usan para cazar. Muchas ranas y otros anfibios tienen veneno en la piel y lo liberan cuando los depredadores los atrapan. Los sapos gigantes lanzan chorritos de líquido de unas grandes **glándulas** que tienen en la parte trasera de la cabeza. Sus enemigos los escupen cuando sienten el sabor del terrible veneno.

Qué feo perfume

El zorrillo, para mantener alejados a sus enemigos, produce un líquido que huele muy feo llamado **almizcle**. Cuando se siente amenazado, dispara el almizcle a su enemigo desde una glándula en la parte trasera del cuerpo. El almizcle no sólo huele mal, sino que también ciega al animal si le cae en los ojos.

¡Dilo sin escupir!

Muchas serpientes, como las víboras y las cascabel, usan mordidas ponzoñosas para cazar y para protegerse. El veneno o **toxina** se inyecta en los animales a través de los filosos dientes delanteros llamados **colmillos**. La cobra escupidora puede disparar su veneno al atacante.

(arriba) Esta babosa marina come anémonas venenosas, pero el veneno de la anémona no la daña. La babosa hasta puede usar esas células venenosas para protegerse. Un animal que muerde una de las protuberancias parecidas a cabellos de la babosa recibe una dosis del veneno de la anémona.

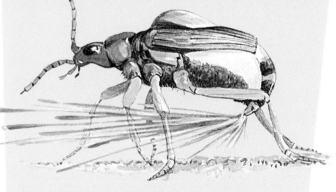

El escarabajo bombardero produce dos sustancias químicas en su cuerpo. Cuando se siente menazado, las mezcla en su abdomen. La mezcla crea una explosión caliente que el escarabajo dispara a su enemigo. Apunta dirigiendo su abdomen al depredador.

Adaptación a las personas

En lugar de adaptarse, los seres humanos cambian su entorno para adecuarlo a sus necesidades. Cuando se construye una ciudad o se desmonta tierra para cultivar, se destruye el hábitat de muchas especies animales. A menudo, los animales no se pueden adaptar a su nuevo entorno. Deben encontrar otro lugar para vivir. Algunas especies están en peligro de extinción porque han perdido su hábitat y su fuente de alimento.

No todos los animales están en peligro debido a los cambios. Algunas especies han encontrado la forma de adaptarse a los nuevos hábitats que los seres humanos crean. Los omnívoros, como los coyotes y los osos, se adaptan encontrando nuevas fuentes de alimento en ciudades o cerca de ellas. Estos animales sobreviven comiendo lo que encuentran en los basureros. De noche, los mapaches (arriba) viajan a las calles de las ciudades y se meten en los patios para buscar alimento en los recipientes de basura.

Nuevo hogar

Cuando el hábitat de un animal es destruido, éste tratará de encontrar otro parecido. Algunos zorrillos viven debajo de casas o porches. También se han encontrado linces viviendo en pueblos. Algunos caimanes han encontrado un segundo hogar en canales, canchas de golf y piscinas.

Esto estará bien

Los animales que viven en árboles o acantilados pedregosos se sienten cómodos en edificios y otras estructuras construidas por los seres humanos. En la naturaleza, las palomas suelen anidar en acantilados, pero en las ciudades anidan en las cornisas de los edificios.

¿Qué pasa si no se pueden adaptar?

Muchos animales no se pueden adaptar con la rapidez suficiente cuando los seres humanos destruyen su hábitat. Si un animal pierde su hogar o su fuente de alimento y no se puede adaptar, morirá. Muchas especies se extinguen. En todo el mundo, las organizaciones de protección de la vida silvestre trabajan arduamente para evitar que los animales pierdan su hogar. Los **santuarios** o áreas naturales protegidas ayudan a salvar a muchas especies de la extinción.

Los herbívoros, como los ciervos, pueden encontrar alimento en los patios.

El agudo sentido del olfato del coyote le permite encontrar comida en la basura que la gente tira.

Palabras para saber

aislar Cubrir con material que impide que el calor escape del cuerpo

ancestro Animal del cual descienden animales similares

anfibio Animal que comienza su vida en el agua y después vive en tierra cuando es adulto

bioluminiscente Expresión que describe la capacidad de un animal de producir su propia luz

camuflaje Colores o marcas que le permiten a un animal ocultarse de sus enemigos

clima Las condiciones meteorológicas normales a largo plazo de una zona

ecolocación Capacidad de un animal para encontrar su camino emitiendo y recibiendo sonidos

especie Grupo de seres vivos estrechamente relacionados que pueden tener crías

estivar Estar inactivo durante el verano para evitar condiciones de calor extremo

evolucionar Cambiar o desarrollarse lentamente

extinto Palabra que describe a una especie de planta o animal que ya no existe

gestar Crecer dentro del cuerpo de la madre

glándula Parte del cuerpo que libera una sustancia, como un líquido

hibernar Estar inactivo durante el inverno para evitar condiciones de frío extremo

migrar Viajar de un lugar a otro para aparearse o encontrar alimento y agua

mimetismo Patrón de colores o protuberancias que hacen que un animal parezca ser otro objeto de la naturaleza

suculenta Expresión que describe plantas u hojas que contienen grandes cantidades de agua, como un cacto

vivíparo Expresión que se refiere a las crías que no nacen de un huevo

Índice

Impreso en Canadá